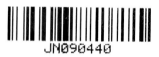

めぐりめぐる水のうた

JUNIOR POEM SERIES

鈴木《すずき》 初江《はつえ》 詩集　小倉玲子 絵

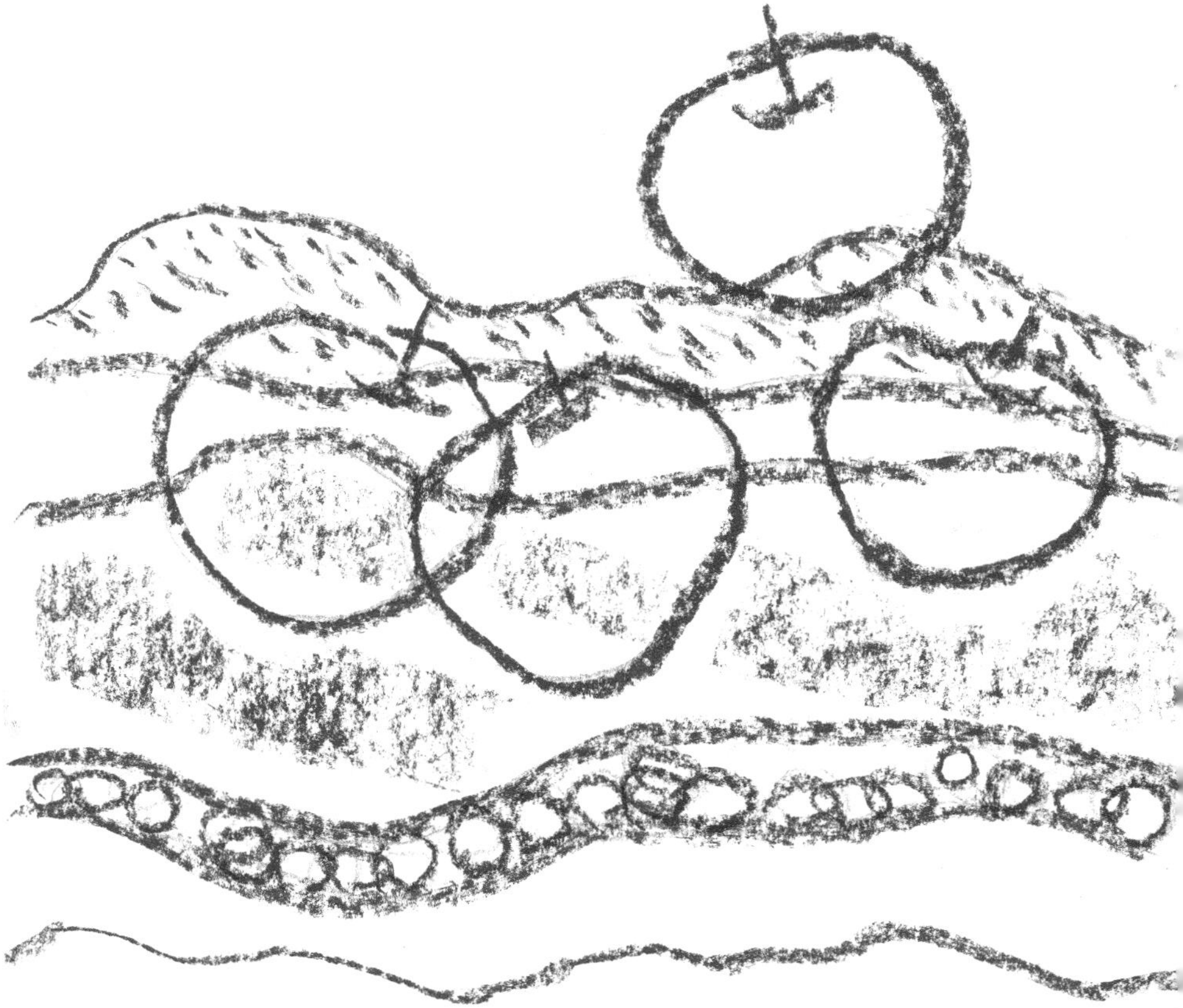

銀の鈴社

1　はじめまして

新しい年　6
はじめまして　8
やまばと　10
ツバメ　12
すずめ　14
小菊《ぎく》　16
スイカ　18
ざくろ　20
ゆず　22
福島のりんご　24

2　家族

返事　28
家族　30
たまいれ　32
おこづかい　34
働《はたら》きもん？　36
百年の柿《かき》の木　38
ぼくのいもうと　42
泣《な》く　44
新しい　かさ　46
たまごやき　48

3　山の畑で

山の畑で　52
子すずめ　54
とまどい　56
コスモス畑　58
ひがんばなの　ひとりごと　60
ポポーの木　62
落ち葉屋　64
冬芽《め》　66

4　田植えのあと

早春　70
からっぽの春　72

田植えのあと　74
山はいつも　76
稲刈《いねか》り　78
晩秋《ばんしゅう》　80
ブナ林で　82
さざんかの木　84
冬の雨　86
大雪の朝　88
雪えくぼ　90
山頂《ちょう》から　92

あとがき　95

1　はじめまして

新しい年

あの
暗い空から
この
まっ白い雪

ここまで
舞《ま》いおりる間に
お正月さんが
ふうーっと
清《きよ》めの一息

新しい年の
新しい雪

きゅっ
まっ白い音
わたしの一歩

はじめまして

図書館から借《か》りた写真絵本
表紙がぴっちり閉《と》じていた
まだ　だれも借りていない
まだ一度も読まれていない
わたしが初《はじ》めてなんだね
この本読むの

表紙をそっとめくる
新しい空気がすっとよぎる

目をつぶり鼻をよせたら
―はじめまして
のにおいがした

やまばと

ぽっぽう
ぽっぽう

気の早いのが鳴いている
山にはまだ雪があるのに

なんて
やわらかい声
いままでどこに
潜《ひそ》んでいたの？

ぼっぽう
ぼっぽう

なんて
あったかい声
そうか
およめさんを
呼《よ》んでいるのね
うれしい季節《きせつ》の
始まり

ツバメ

電線に
一羽
くっと
身をそらし
遠い空を
みつめている

もうすぐ
巣《す》はできあがる

卵《たまご》を産《う》み
雛《ひな》は孵《かえ》る

子育ての
その先には
遥《はる》かな
海原

今
しばしの
休憩《けい》

すずめ

車庫の屋根の
せまいすきまに
今夜も
おきゃくさま

おひとりさま
ご一泊《ぱく》
どうぞ
ごゆっくり

ひゅるるるるー
風が泣《な》いている
今夜も冷《ひ》えそう

ふとんをかけてやりたい
湯タンポも届《とど》けてやりたい
あたたかいおかゆでも
…と気がもめる

せめて
おふたりさまで
いらっしゃいな

小菊《ぎく》

お彼岸《ひがん》がすぎて
命日がくると
庭のかたすみに
黄色いボタンを
びっしり並べたような
小菊《ぎく》が咲《さ》く

大じいちゃんは
菊作りが大好《す》きで
一本の菊に
何百もこの小さな花を
咲かせていたんだって

育てる人がなくなって
大鉢《ばち》から庭におろされ
今では
好きなように根をはり
かってに枝《えだ》をのばして
にぎやかに咲いている

植え替《か》えも肥料《ひりょう》やりも
大ばあちゃんの楽しみ
―ああ　咲いたか
　きれいきれい
やわらかい声が
きょうも聞こえる

スイカ

上からみても
横からみても
目をつぶって
なでてみても
たしかに　まるい

ぱっかりわったら
やっぱり　まるい

まっかっかの夏
どっしり
ふたつ

さくさく
ほうちょういれて
とんがった夏
かぷっ

ざくろ

ぱっくり
口あけて
かっかと
本気で
おこっている

ぎっちり
つまった
赤い実
口の中で
ふんばっている

食べても
はじめ
すっぱく
あとから
ちょっぴり
甘《あま》いだけ

それでも
ほしいよ
ざくろの実
にらめっこしてたら
あきないもん

ゆず

なんて
かわいい名前
―ゆず
声にだしてよべば
そのまま笑《え》顔《がお》になる

なんて
ぴったりの色
―金色
じっと見ていると
心がおちつく

なんて
いい香《かお》り
………
目をつぶって
いっぱい吸《す》って
がんばろうって思う

ゆずは　まんまる
わたしも　まんまる

福島のりんご

りんごがきた

毎年やってくる
おばちゃんちのりんご
大きいの小さいの
見た目はばらばらだけど
どれもつやつやいい香《かお》り
味も安心も世界一

今年はちょっとちがった
こそっとかたをよせあい

赤いほっぺをうつむけて
―よかったら食べて
放射能検査《ほうしゃのうけんさ》パスしてるから
って小さな声

どうしたの　りんご
わたし　待ってたよ
そんな顔しないで
いつものように笑《わら》ってよ

きゅっきゅっとみがいて
かりりっとかじる

甘《あま》い蜜《みつ》　じゅわっ

こんなにおいしいのに
ちっとも変《か》わらないのに

おばちゃん
りんごの木　切らないで

あのりんご畑に
また遊びに行く

郵便はがき

恐れいりますが
切手をお貼りください

248-0017

神奈川県鎌倉市佐助 1-18-21 万葉野の

㈱ 銀の鈴社

『めぐりめぐる水のうた』

担当 行

下記個人情報につきましては、お客様のご意見・ご要望への回答ならびに銀の鈴社書籍・サービス向上のために活用させていただきます。なお、頂きました情報につきましては、個人情報保護法に基づく弊社プライバシーポリシーを遵守のうえ、厳重にお取り扱い致します。

ふりがな	お誕生日
お名前 （男・女）	年　月　日
ご住所　（〒　　　　　　）　TEL	
E-mail	

☆ **この本をどうしてお知りになりましたか？**（□に✓をしてください）

□ 書店で　□ ネットで　□ 新聞、雑誌で（掲載誌名：　　　　　　）

□ 知人から　□ 著者から　□ その他（　　　　　　）

★ Amazonでご購入のお客様へ　おねがい★

本書レビューをお願いいたします。

読み終わった今の新鮮な気持ちが多くの人たちに伝わりますように。

ご愛読いただきまして、ありがとうございます

今後の参考と出版の励みとさせていただきます。
(著者へも転送します)

本書へのご意見・ご感想をお聞かせください

著者:鈴木初江さんへのメッセージをお願いいたします

※お寄せいただいたご感想はお名前を伏せて本のカタログや
ームページ上で使わせていただくことがございます。予めご了承ください。

希望に✓してください。資料をお送りいたします。▼

のカタログ ☐野の花アートカタログ ☐個人出版 ☐ 詩・絵画作品の応募要項

2 家族

返事

ぼくんちの
大ばあちゃん
九十歳《さい》こえた

天気のいい日は
お気に入りの椅子《いす》に
ちょこんと腰《こし》かけて
庭をながめている

―いってきまあす
―ただいまあ
―おやつ　食べよっか

どんなときも
ゆっくり
ぼくの方をむいて
―あいよっ
といって
ほこっとわらう

―きょう　なにしてた？
ってきいたときだけ
―草とりさぁ
と元気な返事

花が大好《す》きなんだ

家族

大ばあちゃんには
とくいなものがある

いねむり
　テレビ見てても
　お客さんいても
　気もちよさそう

知らんふり
　さっきいったこと
　すぐまた聞く
　すました顔で

わすれたいいわけ
もう歳《とし》だからね
自分の歳だって
わすれたなあ

おがむ
おせわさんになりました
ありがとうさんでした
また来てな

はじめ　変《へん》だったけど
今はすっかりなれた
ぼくんちのみんな
笑《わら》っておしまい

たまいれ

大ばあちゃんに
―なにしてあそぶ？
っていうと
―たまいれ
っていう

あきばこ　おいて
おてだま　いつつ

―さいしょは　グー
―じゃんけん　ポン

大ばあちゃん
ほいほいほいの
ほい　ほい

ぼくもまけずに
ぽいぽいぽいの
ぽい　ぽい

―あれっ
みんな　はいって
また
ひきわけ

おこづかい

いなかの
おばあちゃんちへ行った

最初《さいしょ》に
お仏壇《ぶつだん》におまいりした
明かりをつけて
おじゅずをかけて
―なむなむなむ…
もうすっかりおぼえた

おばあちゃんは
にっこにこ

ざぶとんの下から
折《お》りたたんだ
小さな紙のつつみだして
ぼくの手に
にぎらせた

ろうかで
そっとあけてみたら
二千円はいっていた
おばあちゃん
ありがとう

ぼくが二年生だってこと
おぼえていたんだ

働《はたら》きもん？

お仏壇《ぶつだん》の大じいちゃんは
働きもんであったという
おばあちゃんの話

——戦地《せんち》からやせて帰ってきて
運送会社で働きだしたんだが
牛に荷車を引かせておったのよ
じいちゃんの牛は暴《あば》れ牛で
気が荒《あら》い分　力もあった
その牛　ほんとに可愛《かわい》がってな
牛もよく懐《なつ》いていた
それでもいっぺんだけ

蹴《け》られて怪《け》我《が》をしたのよ
じいちゃんの包帯《ほうたい》見て
牛は申し訳《わけ》ないって
何度も首下げたんだって
牛とふたりで
雨がふっても風が吹《ふ》いても
休みなしに働いておったて

その大じいちゃんの子が
ぼくのおばあちゃんで
その子がおかあさんか
ふーん
その子ってことは
ぼくも働きもんか？

百年の柿《かき》の木

おじいちゃんの
生まれた家に行くと
裏《うら》の農舎《のうしゃ》のかどに
古い柿の木が一本
いつも同じ姿《すがた》で立っている

おじいちゃんは
なつかしそうに
——おっ　生きてるか
昔とちっとも変《か》わらんなあ

といって幹《みき》をぱんぱんとたたく
苔《こけ》むしてこぶこぶがいっぱい
太い枝《えだ》は切り落とされ
その切り口から
新しい枝がわっと出ている

農舎から
トラクターを出し入れするたび
―じゃまなんだよなあ　この柿の木
とおじさんがいうのを何度もきいた
それでも切られずに生き残《のこ》り
根のまわりがコンクリートになっても
しんぼう強く立ち続《つづ》けている

夏休みには涼《すず》しい木陰《こかげ》をつくり
秋には得意《とくい》そうに実をつける
今年はちょっと小さめだったが
いつもの甘《あま》い甘い柿だった

みんなの大好《す》きな柿の木
来年もまたきっと来るから

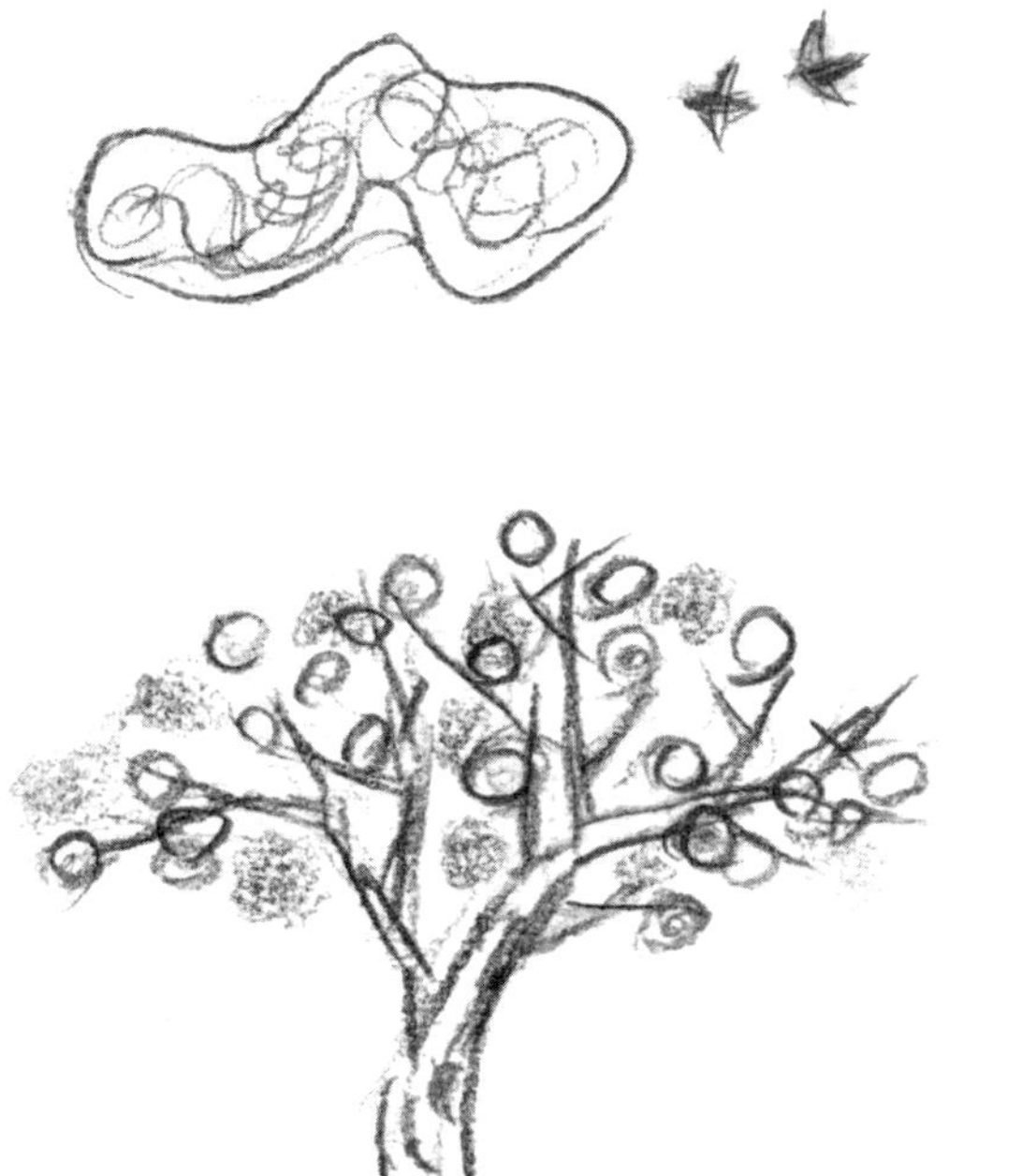

ぼくのいもうと

小さい本が　すき
紙はつるつるで
ページのすみに
めくりぐせの
はねがあると
よろこぶ

ぱらぱらぱら…
ぱらぱらぱら…

なんかいも
なんかいも
あきずに
めくっている

さいごに
そっと　かじる
どんな味がするのか
にっこり

本のすきな
ぼくのいもうと

泣《な》く

いもうとが
泣いている

かだんのまえに
しゃがみこんで
マリーゴールドの
きいろい花びらを
むしりながら

せなかをまるめ
かたをふるわせ
えっえっえっと
のどをつまらせて

体じゅうで
いっしょうけんめい
泣いている

新しい　かさ

いい天気なのに
かさ　さして
妹が家の前を
いったりきたり

―おにいちゃん　見て
　きょうから　なかよし
くるりと回ってみせる

買ってもらったばかりの

新しい　かさ
てっぺんに
こねこの飾《かざ》りが
ちょんとついている

―また　ねこか
って笑《わら》ったら
かさのかげから
ぽつんと　ひとこと
―雨　ふらないニャー

ほんとは
ねこ　飼《か》いたいんだ

たまごやき

いもうとが
キッチンのテーブルで
おかあさんの方を
ちらちら見ながら
おえかきしている

―たまごを　ぽとん
おはしで　かしゃかしゃ
フライパンで　ジュジュジュジュー
たまごやき　つくりましょ

たまごいろのクレヨンで
たまごやき　こてこて
くろいクレヨンで
フライパン　こてこて

——ぷちぷち
ぷつぷつ
いいにおいでしょ

ほんとだ
いいにおいがする
おえかきも
おかあさんも

もう少しもう少し
こてこて　こてこて
—はい　できあがり
おにいちゃん　どうぞ
—こっちも　できあがり
さあ　お昼にしましょ

わあ
ほんとに
いいにおい
トーストと
たまごやきだ

3 山の畑で

山の畑で

クヌギ林のむこうで
だれかが
トランペットを吹《ふ》いている

ブォーッと　ほえ
パスッと　とぎれ
―おっ
ときたま　いい音色

吹奏《すいそう》楽部に入った
ピッカピカの中学生が
頬《ほほ》をふくらませて

力んでいる

きれぎれの
トランペットをききながら
山の畑に種《たね》をまく
昔話にでてくるように
―ひとつぶは　千つぶに
―ふたつぶは　万つぶに
願《ねが》いをこめて種をまく

ようやく訪《おとず》れた
明るい日ざし
なにもかも
ここからが始まり

子すずめ

畑をたがやす

どこで見てたか
チュンと　ひとこえ
子すずめがまいおりる
ほっくりかえしたばかりの
しめった黒い土を
ちょんちょん　つつき
ついつい　ついばみ
えさ　さがしている

—ほらほら　ミミズ

—そこそこ　小虫

さくっ
一歩すすめば
ちょんと　ついてくる
さくさくっ
二歩もどれば
ちょんちょんと　はなれ
小首かしげて
また　つつきだす

どんなにむちゅうでも
まるい目のはしで
わたしとのきょりを
ちゃんとはかっている

とまどい

さっきから
アゲハチョウが
飛《と》びかっている

アゲハチョウは
みんな知っている

どの木にとまったらいいか
どの葉に卵《たまご》を産《う》んだらいいか
幼虫《ようちゅう》が育つために
定められた木はどれか

ゆず
きんかん
みかんの木
つやつやした葉が
手まねきしている

知っていても
チョウはまよう

　ひらひら　ひら
　　ひらひら　ひら

今が大事なときだから

コスモス畑

やわらかな日ざしを
いっぱいあびて
コスモスが咲《さ》いている

まっしろい花
ピンクの花
紅色《べにいろ》の花
まざりあい
からみあい
小さな風に

いっせいにゆれる

あっちむいたり
こっちむいたり
すいっとのびたり
ねそべったり
かってに咲いているようで
どこかでつながっている

さわさわ
さわさわ

ないしょ話
とまらない

ひがんばなの　ひとりごと

秋風がふきはじめると
誰《だれ》かがよんでるようで
おもわず
つくんと
頭をもたげました

ついーっとのびて
ぱっちりひらいたら
右も左も仲間《なかま》たち
まっかな花、花、花
赤い帯《おび》になって

咲《さ》いていました
カレンダーもないのに
この日ときめて
いっせいに
地上で燃《も》えるなんて
自分でもふしぎです

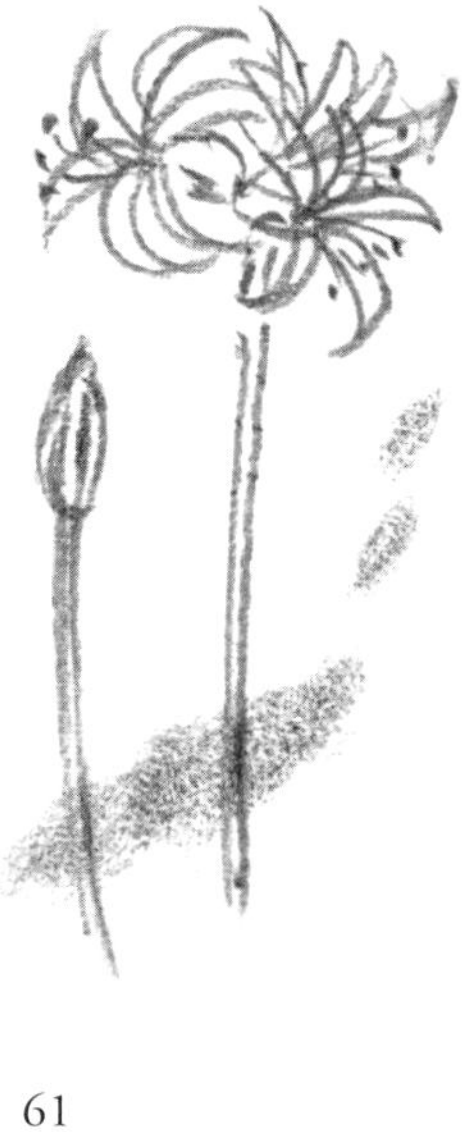

ポポーの木

木の下に立つと
葉陰《かげ》にいくつも実がみえる
アケビのようにぽったりして
バナナによくにた甘《あま》い香《かお》り

百年ほど前に
はるか遠い国から渡《わた》ってきて
見知らぬ日本の地に
なじんできた木

うちわのような葉
ゆったりのばした枝《えだ》

あるがままにのびのびと
秋の日差《ざ》しをあびている

熟《う》れた実を手に取れば
ずしりと重い
子どものおやつにと
おじいちゃんが
植えてくれたポポーの木
今では柿《かき》や栗《くり》とならんで
この畑の大事な果物《くだもの》の木

もうすぐ日が暮《く》れる
ポポーの木は
今日も背伸《せの》びして
遠い故郷《ふるさと》を思い出している

落ち葉屋

ようこそ
落ち葉屋へ

柿《かき》の葉には
熟《じゅく》した実の
甘《あま》い汁《しる》を
にじませています

桜《さくら》の葉は
皮の色を
夕日でうすめて

ぼかしました
クヌギの葉は
かさこそ　かさこそ
秋風にさらして
しあげます

うちは
秘伝《ひでん》の染料《せんりょう》と
季節《きせつ》の技《わざ》が
自慢《じまん》です

どうぞごゆっくり
ご観賞《かんしょう》ください

冬芽《め》

朝からふるふる
雪がふる

そらまめ
たまねぎ
チューリップ
雪の下で
夢《ゆめ》見てる

こぶし
まんさく

ねこやなぎ
冬芽つんつん
スタンバイ
春のきざしを
見のがすな

一日ふるふる
明日もふる

冷《つめ》たい雪のふるときは
冬芽は自分をだきしめる
両手でぎゅっとだきしめて
ガマンガマンといいながら

4　田植えのあと

早春

弥彦山《やひこやま》
雪どけまだら
冬の顔したり
春の顔したり

三月
気分ゆれゆれ
春をさきどり
冬をひきずり

人

思いきって
踏《ふ》みだす
夢《ゆめ》おいかけて

からっぽの春

ゆるゆると
坂をのぼる
里山は
まだ　からっぽ

カラカラ鳴るアシ
息をひそめる草の芽《め》
かたくとじた冬芽
光は明るいけれど
どこも　からりとしている

ツピツピツピッ
ふいに
シジュウカラのさえずり
―あれっ
もう　つがいになって
からっぽの林をわたっている

長い冬をしのんできた
余《よ》計なものを捨《す》ててきた
木も草も
鳥も人も
力をためて待っている
あたたかな春の風を

田植えのあと

こぽこぽ
こぽこぽ
取水口《しゅすいこう》から田へ

ゆるゆる
流れる
くまなく
広がる

こぽこぽ

こぽこぽ

青い空
白い雲
水かがみ
きらきら

こぽこぽ
こぽこぽ

ほそっこい苗《なえ》
はげましながら
めぐりめぐる
水のうた

山はいつも

青い稲田《いな》の
ずっとむこう
見なれた山が
いつものように
わたしにいう

そんなに
落ちこむな
いいこと
わるいこと

半分こで
上々だ

またまた　そんな
人のことだと思って…

でもまあ
そうかな

まっ白い雲
ふたつ

稲《いね》刈《か》り

黄金《こがね》の海を
風がわたっていく

さやさや
　さやさや
稲の葉の
すれる音

ざわざわ
　ざわざわ
おじぎして

穂《ほ》がゆれる
　　ダッダッダッダッ
　　　ダッダッダッダッ
刈《か》り取られ脱穀《だっこく》され
積《つ》み上げられる籾《もみ》の山

むんむんと
お日さまの
いいにおい

コンバインは
とうさん乗せて
いま絶好調《ぜっこうちょう》

晩《ばん》秋《しゅう》

あっという間に
稲《いね》刈《か》りがおわった

からりとしたあぜ道に
エノコログサ　びっしり

ほそいほそい茎《くき》の先に
金色の穂《ほ》をつけて
―あそんでよ
―あそんでよ
とゆれている

―ああ　よしよし
田んぼは
うつらうつらしながら
エノコログサの
相手をしている

秋の日暮《ぐ》れは早い
もうすぐ
空いっぱい
夕焼《や》けが
おりてくる

ブナ林で

心を決めかねて
落ち葉を踏《ふ》みながら
裏《うら》山のブナ林を歩く
足元から梢《こずえ》めがけ
風が吹《ふ》きあがる
枝《えだ》に残《のこ》ったわずかな枯《かれ》葉を
残らずさらってかけのぼる

風は遊んでいるのか
泣《な》いているのか
ときどき
ざわざわと

声を荒《あら》げてとんでいく
くぐもった山姥《やまんば》の声
雪ん子のくふくふ笑《わら》う声
なにやら知れない声までも
なんだかまじっているような
そんな気のする今日のブナ林

ふっと風がやむ

しんとして
誰《だれ》かが息をつめ
耳をそばだてている

ほうっと一息
雲が速い

さざんかの木

さいて　ちって
ちって　さいて

かたい　つぼみ
ぱらりと　ひらき

ひとつ　ちれば
ひとつ　さき
ひとつ　さけば
ひとつ　ちり

さいて　さいて
ちって　ちって
あかい　花かんざし
いっぱい　つけて

木は
土のなか
ふかくふかく
根をおろして
いただいたものを
ていねいにさしだしている

冬の雨

雨がふる
雨がふる

雨は
雪でふりたい

自分のおもさで
落ちるのではなく
身もこころも
誰《だれ》かにあずけて
ふわふわと舞《ま》いたい

それは冬だけの
とっておきの幸せ

雨がふる
雨でふる

自分では
どうにもならないけれど
つぶやいてみる

—今夜
　雪になれますように

大雪の朝

こう
　こう
　　こう

玄関《げんかん》前の
雪かきの手を止め
見あげた灰《はい》色の空を
てんてんと
白い光の列がやってくる

こんな大雪の日
白鳥の家族は

餌《えさ》を求《もと》めてどこまでいくのか
力強い羽ばたきの音が
頭上をこえていく

こう
　こう
　　こう

鳴き声が尾《お》をひいて遠のく
―さあ　もうひとがんばり
この雪かきを終えなければ
一日が始まらない

こうっと
小さく鳴いてみる

雪えくぼ

田んぼの
まっ白い雪に
くふっ
くふっ
小さなへこみ

ここ
そこ
あそこ
みわたすかぎり
雪えくぼ

あの下で

田んぼが
くくっと
わらいを
こらえている

カエルも
虫も
草の種《たね》も
はじけるときを
待っている

冷《つめ》たい北風
やりすごせ
もえだす春は
もうすぐだ

山頂《ちょう》から

弥彦《やひこ》山の
てっぺんから
もう一度
あの
風景《ふうけい》を
見たい

天気はよし
出かけるなら今日だと
汗《あせ》をふきふき登る

山頂からは
思ったとおり
見わたすかぎり
モザイク模様《もよう》の田んぼ

刈《か》り入れをひかえ
早稲《わせ》の田は黄金色《こがねいろ》に
中稲《なかて》はきらきら金色で
晩稲《おくて》はまだまだ緑色を残《のこ》す
一年に
たった十日ほど
新潟《がた》平野の見せる
秋のパッチワーク展《てん》

—これこそ
ふるさとの
一番の風景《ふうけい》よ

この
おおらかさを
身のうちにと
深く息をすう

あとがき

西方に、弥彦山がのったりあるだけの広い平野。これが、生まれ育ち、ずっと暮らしてきたわたしのふるさとです。

あるのはただ、どこまでも広がる緑の水田と千変万化の空。米粒ひとつひとつにふりそそぐお日さまと、分け隔てなくめぐりめぐる水のうた。

いつのころからか、水田を吹きわたる風、こぽこぽという水音がたまらなく好きになりました。笑うことも忘れることも、ふるさとの風景から教わりました。

ここにある詩は、あの山この川、一緒に笑ったり泣いたりしたあの人この人への「ありがとう」と「これからもよろしく」の気持ちです。

いつも支えてくださった先輩や仲間たち、楽しい絵を描いてくださった小倉玲子様、第一詩集『はねだしの百合』に続きお世話なりました銀の鈴社様に、心より感謝申しあげます。

読んでくださった皆様、ありがとうございました。

皆様のふるさとが、美しく平穏でありますように。

二〇二一年　春

鈴木初江

著者紹介

鈴木初江（すずき　はつえ）

1943年新潟県燕市生まれ。「新潟児童文学」で創作をはじめ、第23期児童文学学校で童話を、創作通信講座で詩を学ぶ。子どもたちに詩やお話のおもしろさを伝えたいと、読み語りの活動を続けている。

詩集「はねだしの百合」銀の鈴社
詩集「ちきゅうのリズム」リーブル
詩集「またあした」リーブル　第15回三越左千夫少年詩賞受賞
絵本「みずたまりぼっこ」「はるののっぱらかぞえうた」ともにチャイルド本社
日本児童文学者協会会員　新潟児童文学同人　燕語りの会会員

初出一覧
「福島のりんご」『日本児童文学』2012年7・8月号
「雪えくぼ」『日本児童文学』2019年1・2月号

画家紹介

小倉玲子（おぐら　れいこ）

1946年広島生まれ。東京芸術大学大学院修了
絵本『るすばんできるかな』（JULA出版局）他
詩集『風栞』『生まれておいで』『かえるの国』（銀の鈴社）などの装画
壁画オリックス神保町ビル陶壁画、北九州サンビルモザイク壁画他多数点制作

NDC911
神奈川　銀の鈴社　2021
96頁　21cm（めぐりめぐる水のうた）

ジュニアポエムシリーズ　298　　2021年4月3日初版発行
本体1,600円＋税

めぐりめぐる水のうた

著　　者　鈴木初江 ©　小倉玲子 ©
発 行 者　西野大介
編集発行　㈱銀の鈴社　TEL 0467-61-1930　FAX 0467-61-1931
〒248-0017 神奈川県鎌倉市佐助 1-18-21 万葉野の花庵
https://www.ginsuzu.com
E-mail info@ginsuzu.com

ISBN978－4－86618－105－9　C8092　　印刷　電算印刷
落丁・乱丁本はお取り替え致します　　製本　渋谷文泉閣

…ジュニアポエムシリーズ…

1 鈴木敏史・詩集 宮下琢郎・絵 星の美しい村 ★☆
2 小池知子・詩集 高志孝子・絵 おにわいっぱいぼくのなまえ ★☆
3 鶴岡千代子・詩集 武田淑子・絵 白い虹 児文芸新人賞
4 楠木しげお・詩集 久保雅勇・絵 カワウソの帽子
5 津坂治男・詩集 垣内美穂・絵 大きくなったら ★◇
6 後藤れい子・詩集 山本まつ子・絵 あくたれぼうずのかぞえうた
7 北村蔦子・詩集 柿本幸造・絵 あかちんらくがき
8 吉田瑞穂・詩集 吉田翠・絵 しおまねきと少年 ⊠★◎
9 新川和江・詩集 葉祥明・絵 野のまつり ★☆
10 阪田寛夫・詩集 織茂恭子・絵 夕方のにおい ◈★☆○
11 高田敏子・詩集 若山憲・絵 枯れ葉と星 ★☆
12 原田直友・詩集 吉田翠・絵 スイッチョの歌 ★◎
13 小林純一・詩集 久保雅勇・絵 茂作じいさん ◉★☆♪◎
14 谷川俊太郎・詩集 長新太・絵 地球へのピクニック ★◎◇
15 与田準一・詩集 深沢省三・深沢紅子・絵 ゆめみることば ★

16 岸田衿子・詩集 中谷千代子・絵 だれもいそがない村
17 江間章子・詩集 榊原直美・絵 水と風 ◇◎
18 原田直友・詩集 小野まり・絵 虹―村の風景― ★
19 福田正夫・詩集 福田達夫・絵 星の輝く海 ★☆
20 草野心平・詩集 長野ヒデ子・絵 げんげと蛙 ★☆○◇
21 宮田滋子・詩集 青木まさる・絵 手紙のおうち ☆○
22 久保田昭三・詩集 斎藤彬子・絵 のはらでさきたい
23 鶴岡千代子・詩集 加倉井和夫・武田淑子・絵 白いクジャク ★♪
24 尾上尚子・詩集 まど・みちお・絵 そらいろのビー玉 ★☆ 児文協新人賞
25 水上紅・詩集 深沢紅子・絵 私のすばる ☆
26 野呂昶・詩集 福島二三・絵 おとのかだん ★
27 こやま峰子・詩集 武田淑子・絵 さんかくじょうぎ ☆
28 青戸かいち・詩集 駒宮録郎・絵 ぞうの子だって
29 まきたかし・詩集 福田達夫・絵 いつか君の花咲くとき ★☆♡
30 薩摩忠・詩集 駒宮録郎・絵 まっかな秋 ★☆♡

31 新川和江・詩集 福島二三・絵 ヤァ!ヤナギの木 ★☆○♡
32 井上靖・詩集 駒宮録郎・絵 シリア沙漠の少年 ★☆♡
33 古村徹三 詩・絵 笑いの神さま
34 江上波夫・詩集 青空風太郎・絵 ミスター人類 ○☆
35 秋原秀夫・詩集 鈴木義治・絵 風の記憶 ★◎
36 水村三千夫・詩集 武田淑子・絵 鳩を飛ばす
37 久冨純江・詩集 渡辺安芸夫・絵 風車 クッキングポエム
38 日野生三・詩集 吉野晃希男・絵 雲のスフィンクス ★
39 佐藤雅子・詩集 佐藤太清・広瀬きよみ・絵 五月の風 ★
40 小黒恵子・詩集 武田淑子・絵 モンキーパズル ★
41 木村信子・詩集 山本典子・絵 でていった
42 中野栄子・詩集 吉田翠・絵 風のうた ☆
43 宮田滋子・詩集 牧村慶子・絵 絵をかく夕日 ★
44 大久保ティ子・詩集 渡辺安芸夫・絵 はたけの詩 ★☆
45 秋原秀夫・詩集 赤星亮衛・絵 ちいさなともだち ♥

☆日本図書館協会選定（2015年度で終了）　♪日本童謡賞　♧岡山県選定図書　◇岩手県選定図書
★全国学校図書館協議会選定（SLA）　♡日本子どもの本研究会選定　◆京都府選定図書
□少年詩賞　■茨城県すいせん図書　♥秋田県選定図書　⊠芸術選奨文部大臣賞
○厚生省中央児童福祉審議会すいせん図書　♣愛媛県教育会すいせん図書　◉赤い鳥文学賞　◈赤い靴賞

…ジュニアポエムシリーズ…

46 日友靖子詩集 藤城清治・安西明美・絵 猫曜日だから ◆☆
47 秋葉てる代詩集 武田淑子・絵 ハープムーンの夜に ♡
48 こやま峰子詩集 山本省三・絵 はじめのいーっぽ ★♡
49 黒柳啓子詩集 金子滋・絵 砂かけ狐 ♡
50 三枝ますみ詩集 武田淑子・絵 ピカソの絵 ☆♡♪
51 夢虹二詩集 武田淑子・絵 とんぼの中にぼくがいる ♡○♥
52 はたちよしこ詩集 まど・みちお・絵 レモンの車輪 □♧
53 大岡信詩集 葉祥明・絵 朝の頌歌 ★☆♡♥◎
54 吉田瑞穂詩集 吉田翠・絵 オホーツク海の月 ★☆♡
55 さとう恭子詩集 村上保・絵 銀のしぶき ★☆♡
56 星乃ミミナ詩集 葉祥明・絵 星空の旅人 ★☆♡
57 葉祥明詩・絵 ありがとう そよ風 ★♡▲
58 青戸かいち詩集 初山滋・絵 双葉と風
59 小野ルミ詩集 和田誠・絵 ゆきふるるん ★☆♪♡
60 なぐもはるき詩・絵 たったひとりの読者 ★♡♧

61 小関秀夫詩集 小倉玲子・絵 風《かざ》栞《しおり》 ★♡♥
62 海沼松世詩集 守下さおり・絵 かげろうのなか ☆♡
63 山本龍生詩集 小倉玲子・絵 春行き一番列車 ♡
64 小泉周二詩集 深沢省三・絵 こもりうた ★☆♡
65 かわてせいぞう詩集 若山憲・絵 野原のなかで ♡★♥
66 えぐちまき詩集 赤星亮衛・絵 ぞうのかばん ♡◆♥
67 池田あきつ詩集 小倉玲子・絵 天気雨 ♡
68 藤井則行詩集 君島美知子・絵 友へ ♡♤
69 藤哲生詩集 武田淑子・絵 秋いっぱい ★♠
70 日友靖子詩集 深沢紅子・絵 花天使を見ましたか ★
71 吉田瑞穂詩集 吉田翠・絵 はるおのかきの木 ★
72 小島禄琅詩集 中村陽子・絵 海を越えた蝶 ☆★♥♡
73 にしおまさこ詩集 杉田幸子・絵 あひるの子 ★
74 山下竹二詩集 徳田徳志芸・絵 レモンの木 ★
75 高崎乃理子詩集 奥山英俊・絵 おかあさんの庭 ★♡

76 檜きみこ詩集 広瀬弦・絵 しっぽいっぽん ★♪□☆♡
77 たかはしけいこ詩集 高田三郎・絵 おかあさんのにおい ♡♣□
78 星乃ミミナ詩集 深澤邦朗・絵 花かんむり ♥☆♡
79 佐藤照雄詩集 津波信久・絵 沖縄 風と少年 ☆♡★
80 相馬梅子詩集 やなせたかし・絵 真珠のように ♥★
81 小島禄琅詩集 深沢紅子・絵 地球がすきだ ★
82 鈴木美智子詩集 黒澤梧郎・絵 龍のとぶ村 ◇★♥
83 いがらしれいこ詩集 高田三郎・絵 小さなてのひら ☆
84 宮入黎子詩集 小倉玲子・絵 春のトランペット ☆★
85 下田喜久美詩集 方振寧・絵 ルビーの空気をすいました ☆
86 野呂昶詩集 方振寧・絵 銀の矢ふれふれ ★
87 ちよはらまちこ詩集 ちよはらまちこ・絵 パリパリサラダ ★
88 秋原秀夫詩集 徳田徳志芸・絵 地球のうた ☆★
89 中島あやこ詩集 井上緑・絵 もうひとつの部屋 ★
90 藤川こうのすけ詩集 葉祥明・絵 こころインデックス ☆

✲サトウハチロー賞
✺三木露風賞
♤福井県すいせん図書
▲神奈川県児童福祉審議会推薦優良図書
♠奈良県教育研究会すいせん図書
❖北海道選定図書
⟐静岡県すいせん図書
◎学校図書館図書整備協会選定図書(SLBA)
✣毎日童謡賞
✿三越左千夫少年詩賞

…ジュニアポエムシリーズ…

91 新井 和詩集 高田 三郎・絵 おばあちゃんの手紙 ☆★
92 はなわたえこ詩集 えばとかつこ・絵 みずたまりのへんじ ★♪
93 柏木恵美子詩集 武田 淑子・絵 花のなかの先生 ☆
94 中原千津子詩集 寺内 直美・絵 鳩への手紙 ★
95 髙瀬美代子詩集 小倉 玲子・絵 仲なおり ★
96 杉本深由起詩集 若山 憲・絵 トマトのきぶん ☆★◎ 児文芸新人賞
97 宍倉さとし詩集 守下さおり・絵 海は青いとはかぎらない
98 石井 英行詩集 有賀 忍・絵 おじいちゃんの友だち ■
99 なかのひろ詩集 アサト・シェラ・絵 とうさんのラブレター ☆★
100 小松 静江詩集 藤川 秀之・絵 古自転車のバットマン
101 石原 一輝詩集 加藤 真夢・絵 空になりたい ☆★
102 小泉 周二詩集 西 真里子・絵 誕生日の朝 ☆■★
103 くすのきしげのり童謡 わたなべあきお・絵 いちにのさんかんび ☆★
104 成本 和子詩集 小倉 玲子・絵 生まれておいで ☆★♡
105 伊藤 政弘詩集 小倉 玲子・絵 心のかたちをした化石 ★

106 川崎 洋子詩集 井戸 妙子・絵 ハンカチの木 □★☆
107 柘植 愛子詩集 油野 誠一・絵 はずかしがりやのコジュケイ
108 新谷智恵子詩集 葉 祥明・絵 風をください ☆♪♡
109 金親 尚子詩集 牧 進・絵 あたたかな大地 ☆
110 黒柳 啓子詩集 吉田 翠・絵 父ちゃんの足音 ☆★♡□
111 富田 栄子詩集 油野 誠一・絵 にんじん笛 ♡☆
112 原 国子詩集 高畠 純・絵 ゆうべのうちに ☆△
113 宇部 京子詩集 スズキコージ・絵 よいお天気の日に ○□♪☆◇★
114 武鹿 悦子詩集 牧野 鈴子・絵 お花見 ☆□
115 山本なおこ詩集 梅田 俊作・絵 さりさりと雪の降る日 ☆★
116 小林比呂古詩集 おおた慶文・絵 ねこのみち ☆
117 後藤れい子詩集 渡辺あきお・絵 どろんこアイスクリーム ☆
118 重清 良吉詩集 高田 三郎・絵 草の上 ☆□◆★
119 宮中 雲子詩集 西 真里子・絵 どんな音がするでしょか ✲★
120 前山 敬子詩集 若山 憲・絵 のんびりくらげ ☆★

121 川端 律子詩集 若山 憲・絵 地球の星の上で ♡
122 たかはしけいこ詩集 織茂 恭子・絵 とうちゃん ♡★♣
123 宮田 滋子詩集 深澤 邦朗・絵 星の家族 ☆♪
124 国沢たまき詩集 唐沢 静・絵 新しい空がある
125 池田あきつ詩集 小倉 玲子・絵 かえるの国 ★
126 黒田 恵子詩集 倉島千賀子・絵 ボクのすきなおばあちゃん ☆★♡
127 垣内 磯子詩集 宮崎 照代・絵 よなかのしまうまバス ☆♡★
128 小泉 周二詩集 佐藤 平八・絵 太陽へ ★♪☆♡
129 中島 和子詩集 秋里 信子・絵 青い地球としゃぼんだま ☆★
130 のろさかん詩集 福島一二三・絵 天のたて琴 ☆
131 加藤 丈夫詩集 葉 祥明・絵 ただ今受信中 ☆★
132 北原 悠子詩集 深沢 紅子・絵 あなたがいるから ♡
133 池田もと子詩集 小倉 玲子・絵 おんぷになって ♡
134 鈴木 初江詩集 吉田 翠・絵 はねだしの百合 ★
135 垣内 磯子詩集 今井 俊・絵 かなしいときには ★

△長野県教育委員会すいせん図書　✡㈶日本動物愛護協会推薦図書
◈茨城県推奨図書　●児童ペン賞

…ジュニアポエムシリーズ…

136 秋葉てる代詩集 やなせたかし・絵 おかしのすきな魔法使い ♪★
137 青戸かいち詩集 永田萠・絵 小さなさようなら ❀★
138 柏木恵美子詩集 高田三郎・絵 雨のシロホン ♡★
139 藤井則行詩集 阿見みどり・絵 春だから ♡★◎
140 黒田勲子詩集 山中冬児・絵 いのちのみちを
141 南郷芳明詩集 的場豊子・絵 花時計
142 やなせたかし 詩・絵 生きているってふしぎだな
143 内田麟太郎詩集 斎藤隆夫・絵 うみがわらっている
144 しまざきふみ詩集 島崎奈緒・絵 こねこのゆめ ♡
145 糸永えつこ詩集 武井武雄・絵 ふしぎの部屋から ♡
146 石坂きみこ詩集 鈴木英二・絵 風の中へ ♡
147 坂本のこ詩集 坂本こう・絵 ぼくの居場所 ♡
148 島村木綿子 詩・絵 森のたまご ❀
149 楠木しげお詩集 わたせせいぞう・絵 まみちゃんのネコ ★
150 牛尾良子詩集 上矢津・絵 おかあさんの気持ち ♡

151 三越左千夫詩集 阿見みどり・絵 せかいでいちばん大きなかがみ ★
152 水村三千夫詩集 高見八重子・絵 月と子ねずみ
153 川越文子詩集 横松桃子・絵 ぼくの一歩 ふしぎだね ★
154 すずきゆかり詩集 葉祥明・絵 まっすぐ空へ
155 西田純詩集 葉祥明・絵 木の声 水の声
156 清野倭文子詩集 水科舞・絵 ちいさな秘《ひ》密《みつ》
157 川奈静詩集 直江みちる・絵 浜ひるがおはパラボラアンテナ ★◎
158 若木良水詩集 西真里子・絵 光と風の中で
159 牧陽子詩集 渡辺あきお・絵 ねこの詩 ★◎
160 宮田滋子詩集 阿見みどり・絵 愛一輪 ★◎
161 井上灯美子詩集 唐沢静・絵 ことばのくさり ☆♪
162 滝波万理子詩集 滝波裕子・絵 みんな王《おう》様《さま》 ★♪
163 冨岡みち詩集 関口コオ・絵 かぞえられへん せんぞさん ★
164 垣内磯子詩集 辻恵子・切り絵 緑色のライオン ★◎
165 すぎもとれいこ詩集 平井辰夫・絵 ちょっといいことあったとき ★

166 岡田喜代子詩集 おぐらひろかず・絵 千年の音 ★☆◎
167 川奈静詩集 直江みちる・絵 ひもの屋さんの空 ★◎☆♥♡
168 鶴岡千代子詩集 武田淑子・絵 白い花火 ★☆
169 井上灯美子詩集 唐沢静・絵 ちいさい空をノックノック ★◎☆
170 尾崎杏子詩集 ひなた山すじゅう郎・絵 海辺のほいくえん ☆♡★◎
171 柘植愛子詩集 やなせたかし・絵 たんぽぽ線路 ☆♡★◎♪
172 小林比呂古詩集 うめざわのりお・絵 横須賀スケッチ ☆★◎♡▲
173 林佐知子詩集 串田敦子・絵 きょうという日 ☆★◎♡▲
174 後藤基宗子詩集 岡澤由紀子・絵 風とあくしゅ ☆♥★◎♡
175 土屋律子詩集 高瀬のぶえ・絵 るすばんカレー ☆♡★◎▲
176 三輪アイ子詩集 深沢邦朗・絵 かたぐるましてよ ★☆♡
177 田辺瑞美子詩集 西真里子・絵 地球賛歌 ☆★◎
178 高瀬美代子詩集 小倉玲子・絵 オカリナを吹く少女 ☆♡
179 中野惠子詩集 串田敦子・絵 コロポックルでておいで ★♡☆♪
180 松井節子詩集 阿見みどり・絵 風が遊びにきている ★☆♡▲

…ジュニアポエムシリーズ…

181 新谷智恵子詩集 徳田徳志芸・絵 とびたいペンギン 佐世保文学賞 ♡★◎▲
182 牛尾良子詩集 牛尾征治・写真 庭のおしゃべり ♡★◎
183 三枝ますみ詩集 高見八重子・絵 サバンナの子守歌 ☆★
184 佐藤雅子詩集 佐藤太清 菊池治子・絵 空の牧《まき》場《ば》 ☆★♡■◎◈
185 山内弘子詩集 おぐらひろかず・絵 思い出のポケット ♡★♪
186 山内弘子詩集 阿見みどり・絵 花の旅人 ♡★▲
187 原国子詩集 牧野鈴子・絵 小鳥のしらせ ♡★△◎
188 人見敬子詩・絵 方《はこ》舟《ぶね》地球号 ―いのちは元気― ♡★◎
189 林佐知子詩集 串田敦子・絵 天にまっすぐ ★☆♡◎
190 小臣富子詩集 渡辺あきお・絵 わんさかわんさかどうぶつさん ✡♡★◎
191 川越文子詩集 かまだちえみ・写真 もうすぐだからね ♡★◎
192 永田喜久男詩集 武田淑子・絵 はんぶんごっこ ☆★◎♡
193 吉田房子詩集 大和田明代・絵 大地はすごい ★◎♡▲
194 石井春香詩集 高見八重子・絵 人魚の祈り ★♡
195 石原一輝詩集 小倉玲子・絵 雲のひるね ♡

196 たかはしけいご詩集 高橋敏彦・絵 そのあと ひとは ★
197 宮田滋子詩集 おおた慶文・絵 風がふく日のお星さま ★♡◎
198 渡辺恵美子詩集 つるみゆき・絵 空をひとりじめ ★♡♪
199 宮中雲子詩集 西真里子・絵 手と手のうた ★
200 杉本深由起詩集 太田大八・絵 漢字のかんじ ★♡☸
201 井上灯美子詩集 唐沢静・絵 心の窓が目だったら ★♡
202 峰松晶子詩集 おおた慶文・絵 きばなコスモスの道 ★♡
203 高橋文子詩集 山中桃子・絵 八丈太鼓 ★♡
204 長野貴子詩集 武田淑子・絵 星座の散歩 ★♡
205 江口正子詩集 高見八重子・絵 水の勇気 ♡☆★
206 藤本美智子詩・絵 緑のふんすい ☆♡★
207 林佐知子詩集 串田敦子・絵 春はどどど ♡★◎
208 小関秀夫詩集 阿見みどり・絵 風のほとり ☆♡★▲
209 宗美津子詩集 宗信寛・絵 きたのもりのシマフクロウ ♡★
210 かわてせいぞう詩集 高橋敏彦・絵 流れのある風景 ☆♡★

211 土屋律子詩集 高瀬のぶえ・絵 ただいまぁ ★♡☆◎▲
212 永田喜久男詩集 武田淑子・絵 かえっておいで ☆♡★
213 みたみちこ詩集 牧進・絵 いのちの色 ♡★
214 糸永えつこ詩集 糸永わかこ・絵 母です 息子です おかまいなく ♡☆★
215 宮田滋子詩集 武田淑子・絵 さくらが走る ♡☆★♪
216 柏木恵美子詩集 吉野晃希男・絵 ひとりぽっちの子クジラ ♡★◎
217 江口正子詩集 高見八重子・絵 小さな勇気 ♡☆★
218 井上灯美子詩集 唐沢静・絵 いろのエンゼル ★♡
219 中島あやこ詩集 日向山寿十郎・絵 駅伝競走 ★☆♡
220 高橋孝治詩集 高見八重子・絵 空の道 心の道 ★♡
221 江口正子詩集 日向山寿十郎・絵 勇気の子 ♡☆★
222 宮田滋子詩集 牧野鈴子・絵 白鳥よ ☆★
223 井上良子詩集 銅版画 太陽の指環 ★
224 川越文子詩集 山中桃子・絵 魔法のことば ♡☆★
225 西本みさこ詩集 上司かのん・絵 いつもいっしょ ☆♡

…ジュニアポエムシリーズ…

- 226 おばらいちこ詩集 高見八重子・絵 ぞうのジャンボ ☆★♡
- 227 吉田 房子詩集 本田あまね・絵 まわしてみたい石臼 ★♡
- 228 吉田 房子詩集 阿見みどり・絵 花 詩 集 ★♡◎
- 229 田中たみ子詩集 唐沢 静・絵 へこたれんよ ★◎
- 230 林 佐知子詩集 串田 敦子・絵 この空につながる ★♡
- 231 藤本美智子 詩・絵 心のふうせん ★♡
- 232 火星 雅範詩集 西川 律子・絵 ささぶねうかべたよ ★♡▲
- 233 吉田 房子詩集 岸田 歌子・絵 ゆりかごのうた ★♡
- 234 むらかみみちこ詩集 むらかみみちこ むらかみあくる・絵 風のゆうびんやさん ★♡
- 235 白谷 玲花詩集 阿見みどり・絵 柳川白秋めぐりの詩 ★♡
- 236 ほさかとしこ詩集 内山つとむ・絵 神さまと小鳥 ★☆♡
- 237 内田麟太郎詩集 長野ヒデ子・絵 まぜごはん ☆★◎♡▲
- 238 小林比呂古詩集 出口 雄大・絵 きりりと一直線 ♡★
- 239 牛尾 良子詩集 おぐらひろかず・絵 うしの土鈴とうさぎの土鈴 ★◎♡
- 240 山本 純子詩集 ルイ コ・絵 ふ ふ ふ ★♡☆◎
- 241 神田 亮 詩・絵 天使の翼 ★☆♡
- 242 かんざわみえ詩集 阿見みどり・絵 子供の心大人の心さ迷いながら ☆★◎▲
- 243 永田喜久男詩集 内山つとむ・絵 つながっていく ★☆♡
- 244 浜野木 碧 詩・絵 海原散歩 ☆★◎♡
- 245 やまうち・しゅうへい詩集 山本 省三・絵 風のおくりもの ☆★◎♡
- 246 すぎもとれいこ 詩・絵 てんきになあれ ★◎
- 247 冨岡 みち詩集 加藤 真夢・絵 地球は家族 ひとつだよ ♡☆◎★
- 248 北野 千賀詩集 滝波 裕子・絵 花束のように ♡☆★◎
- 249 石原 一輝詩集 加藤 真夢・絵 ぼくらのうた ♡★◎
- 250 土屋 律子詩集 高瀬のぶえ・絵 まほうのくつ ♡☆★◎▲
- 251 津坂 治男詩集 井上 良子・絵 白い太陽 ☆♡★◎
- 252 石井 英行詩集 よしだちなつ・表紙絵 野原くん ☆★♡◎▲
- 253 井上灯美子詩集 唐沢 静・絵 たからもの ☆♡★
- 254 大竹 典子詩集 加藤 真夢・絵 おたんじょう ☆★
- 255 たかはしけいこ詩集 織茂 恭子・絵 流れ星 ★♡
- 256 谷川俊太郎詩集 下田 昌克・絵 そ し て ♡★◎
- 257 なんば・みちこ詩集 布下 満・絵 トックントックン 大空で大地で ★◎
- 258 宮本美智子詩集 阿見みどり・絵 夢の中に そっと ★◎♡
- 259 成本 和子詩集 阿見みどり・絵 天使の梯子 ★◎
- 260 海野 文音詩集 牧野 鈴子・絵 ナンドデモ ★♡
- 261 熊谷 本郷詩集 永田 萠・絵 かあさん かあさん ★♡
- 262 大楠 翠詩集 吉野晃希男・絵 おにいちゃんの紙飛行機 ★♡♪
- 263 久保 恵子詩集 たかせちなつ・絵 わたしの心は 風に舞う ★♡
- 264 みずかみさやか詩集 葉 祥明・絵 五月の空のように ★♡
- 265 尾崎 昭代詩集 中辻アヤ子・絵 たんぽぽの日 ★
- 266 はやし ゆみ詩集 渡辺あきお・絵 わたしはきっと小鳥 ★
- 267 田沢 節子詩集 永田 萠・絵 わき水ぷっくん △★♡
- 268 柘植 愛子詩集 そねはらまさえ・絵 赤いながぐつ ★♡
- 269 馬場与志子詩集 日向山寿十郎・絵 ジャンケンポンでかくれんぼ ♡★
- 270 内田麟太郎詩集 高畠 純・絵 たぬきのたまご ★●♡

…ジュニアポエムシリーズ…

- 271 むらかみみちこ 詩・絵 家族のアルバム ★♡
- 272 井上 和子詩集 吉田 瑠美・絵 風のあかちゃん ★♡
- 273 佐藤 一志詩集 日向山寿十郎・絵 自然の不思議 ♡★
- 274 小沢 千恵 詩・絵 やわらかな地球 ♡★
- 275 あべこうぞう詩集 大谷さなえ・絵 生きているしるし ♡★
- 276 宮田 滋子詩集 田中 槇子・絵 チューリップのこもりうた ★♡
- 277 林 佐知子詩集 葉 祥明・絵 空 の 日 ★♡
- 278 いしがいようこ 詩・絵 ゆれる悲しみ ★♡
- 279 村瀬 保子詩集 武田 淑子・絵 すきとおる朝 ♡★
- 280 あわのゆりこ詩集 高畠 純・絵 ま ね っ こ ★♡
- 281 川越 文子詩集 福田 岩緒・絵 赤 い 車 ★♡
- 282 白石はるみ詩集 かないゆみこ・絵 エリーゼのために ★♡
- 283 尾崎 杏子詩集 日向山寿十郎・絵 ぼくの北極星 ♡★
- 284 壱岐 梢詩集 葉 祥明・絵 こ こ に ★
- 285 野口 正路詩集 山手 正彦・絵 光って生きている ★◎

- 286 樋口てい子詩集 串田 敦子・絵 ハネをもったコトバ ★◎
- 287 火星 雅範詩集 西川 律子・絵 ささぶねにのったよ
- 288 大楠 翠詩集 吉野晃希男・絵 はてなとびっくり ★◎✿
- 289 大澤 清詩集 阿見みどり・絵 組曲 いかに生きるか ★
- 290 たかはしけいこ詩集 織茂 恭子・絵 い っ し ょ ★♡◎
- 291 内田麟太郎詩集 大野 八生・絵 なまこのぽんぽん ★◎
- 292 はやし ゆみ詩集 はなてる・絵 こころの小鳥 ♡★◎
- 293 いしがいようこ 詩・絵 あ・そ・ぼ！ ★♡◎
- 294 帆草とうか 詩・絵 空をしかくく 切りとって ★♡
- 295 土屋 律子詩集 吉野晃希男・絵 コピーロボット ★◎♡
- 296 川上佐貴子詩集 はなてる・絵 アジアのかけ橋
- 297 西沢 杏子詩集 東 逸子・絵 さくら貝とプリズム
- 298 鈴木 初江詩集 小倉 玲子・絵 めぐりめぐる水のうた
- 299 白谷 玲花詩集 牧野 鈴子・絵 母さんのシャボン玉

＊刊行の順番はシリーズ番号と異なる場合があります。

ジュニアポエムシリーズは、子どもにもわかる言葉で真実の世界をうたう個人詩集のシリーズです。

本シリーズからは、毎回多くの作品が教科書等の掲載詩に選ばれており、1974年以来、全国の小・中学校の図書館や公共図書館等で、長く、広く、読み継がれています。

心を育むポエムの世界。

一人でも多くの子どもや大人に豊かなポエムの世界が届くよう、ジュニアポエムシリーズはこれからも小さな灯をともし続けて参ります。

銀の小箱シリーズ

A5変型

- 葉 祥明 詩・絵　小さな庭
- 若山 憲 詩・絵　白い煙突
- こばやしひろこ・詩　うめざわのりお・絵　みんななかよし
- 江口 正子・詩　油野 誠一・絵　みてみたい
- やなせたかし 詩・絵　あこがれよなかよくしよう
- 冨岡 みち・詩　関口 コオ・絵　ないしょやで
- 小林比呂古・詩　神谷 健雄・絵　花かたみ
- 小泉 周二・詩　辻 友紀子・絵　誕生日・おめでとう
- 柏原 耿子・詩　阿見みどり・絵　アハハ・ウフフ・オホホ★♡▲
- こばやしひろこ・詩　うめざわのりお・絵　ジャムパンみたいなお月さま★▲

すずのねえほん

B6判

- たかはしけいこ・詩　中釜浩一郎・絵　わたし★◎
- 尾上 尚子・詩　小倉 玲子・絵　ぽわぽわん
- 糸永えつこ・詩　高見八重子・絵　はるなつあきふゆもうひとつ★ 児文芸新人賞
- 山口 敦子・詩　高橋 宏幸・絵　ばあばとあそぼう
- あらい・まさはる・童謡　しのはられみ・絵　けさいちばんのおはようさん
- 佐藤 雅子・詩　佐藤 太清・絵　こもりうたのように 美しい日本の12ヵ月 日本童謡賞
- 柏木 隆雄・詩　やなせたかし他・絵　かんさつ日記★♪♡

アンソロジー

A5判

- 渡辺 浦人・編　村上 保・絵　赤い鳥 青い鳥
- わたげの会・編　渡辺あきお・絵　花ひらく♪
- 西木 真曜子会・編　真里子・絵　いまも星はでている★
- 西木 真曜子会・編　真里子・絵　いったりきたり♡
- 西木 真曜子会・編　真里子・絵　宇宙からのメッセージ
- 西木 真曜子会・編　真里子・絵　地球のキャッチボール★◎
- 西木 真曜子会・編　真里子・絵　おにぎりとんがった☆★◎
- 西木 真曜子会・編　真里子・絵　みぃーつけた♡★◎
- 西木 真曜子会・編　真里子・絵　ドキドキがとまらない
- 西木 真曜子会・編　真里子・絵　神さまのお通り★
- 西木 真曜子会・編　真里子・絵　公園の日だまりで★♡
- 西木 真曜子会・編　真里子・絵　ねこがのびをする♡★

掌の本 アンソロジー

A7判

- こころの詩 I
- しぜんの詩 I
- いのちの詩 I
- ありがとうの詩 I
- 詩集 希望
- 詩集 家族
- いのちの詩集―いきものと野菜
- ことばの詩集―方言と手紙
- 詩集―夢・おめでとう
- 詩集―ふるさと・旅立ち

小さな詩の絵本

新企画 オールカラー・A6判

- 内田麟太郎・詩　たかすかずみ・絵　いっしょに

銀の鈴文庫

文庫サイズ・A6判

- 小沢 千恵・詩　下田 昌克・絵　あのこ♡▲

掌の本

A7判

- 森埜こみち・詩　下田 昌克・絵　こんなときは！